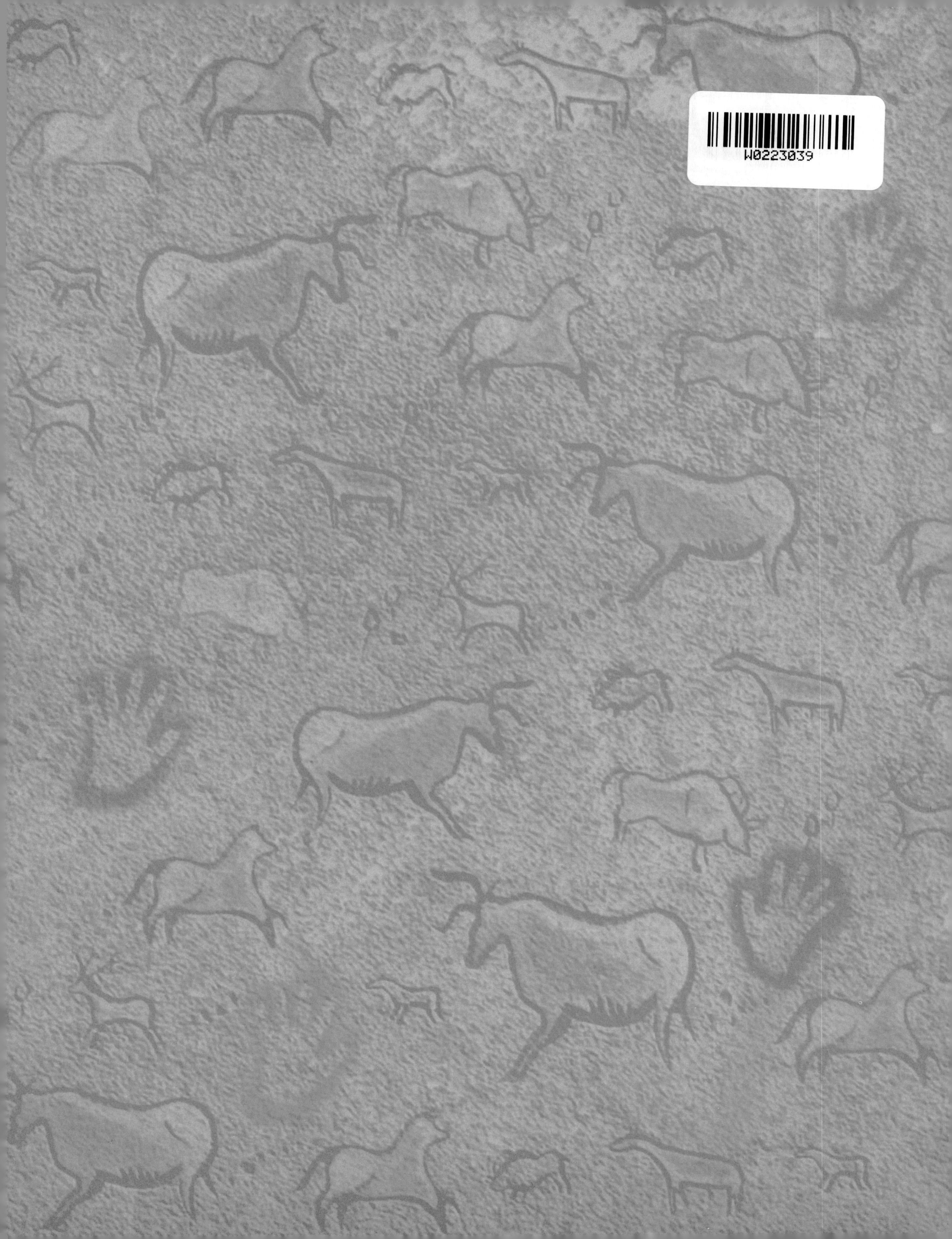

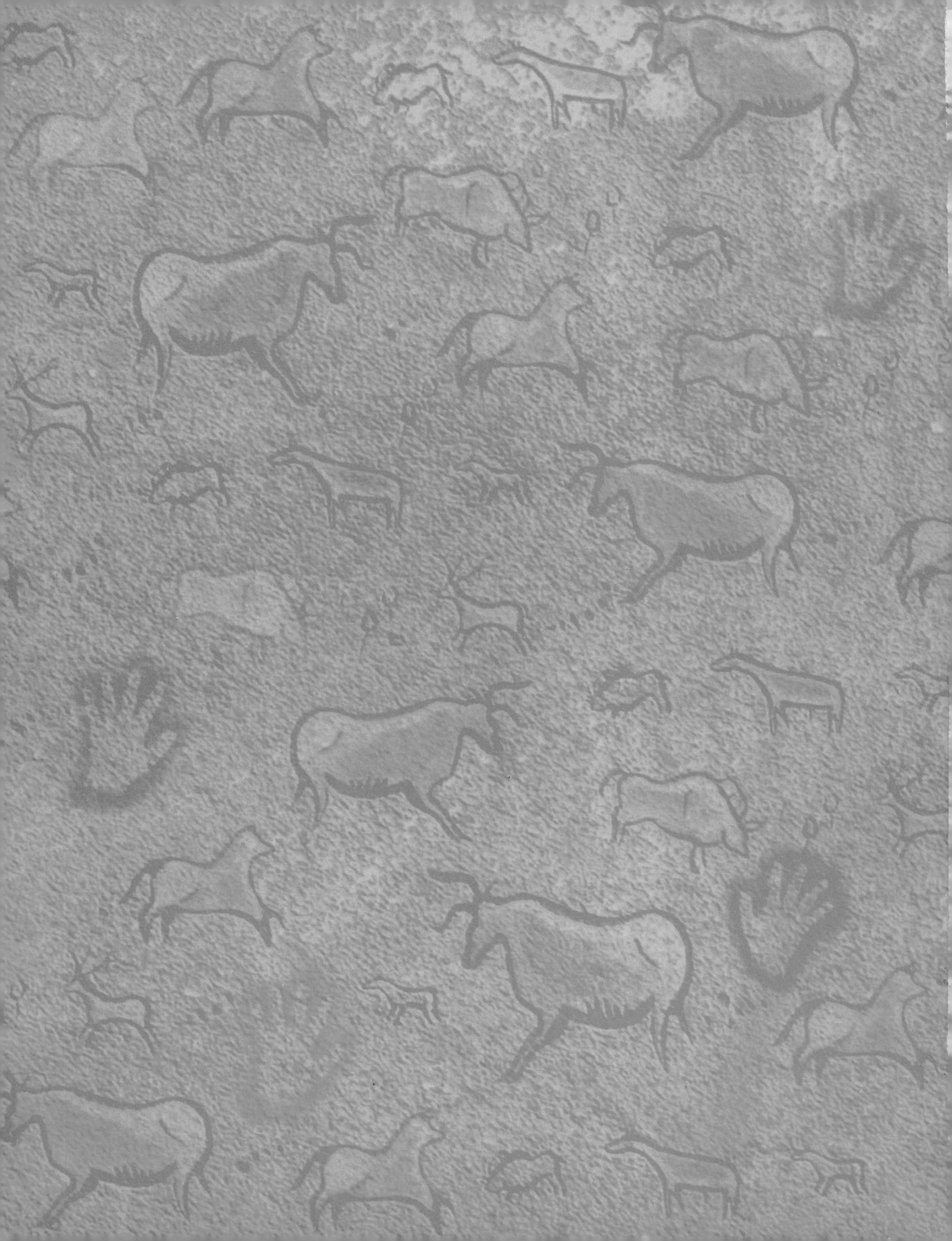

DIE STEINZEIT-NACHRICHTEN

Autorin: Fiona Macdonald Beratung: Alison Roberts
Deutsch von Christa Holtei

Liebe Leser und Leserinnen!

Wir haben tief in unseren Archiven gegraben um Ihnen in dieser Sonderausgabe der *Steinzeit-Nachrichten* die besten Berichte aus unserer Geschichte bieten zu können.

Erstaunliche Berichte, die von den größten Triumphen unserer Vergangenheit erzählen: von unseren ersten Schritten heraus aus Afrika bis zu unserem Überleben während der Eiszeiten. Sie finden in dieser wunderbaren Ausgabe Artikel über Werkzeugherstellung, über dramatische Jagden und über Nahrung und Mode.

Wir wünschen Ihnen viel Spaß beim Lesen!

Fiona Macdonald
Chefredakteurin

Anmerkung des Verlegers:
Wie wir alle wissen, gab es vor 10 000 Jahren noch keine Zeitungen. Aber wenn es sie gegeben hätte, hätten alle sicher gerne die *Steinzeit-Nachrichten* gelesen!

Wir wünschen viel Spaß mit unserer Zeitung.

Berücksichtigt neue Rechtschreibregeln

kbv LUZERN

INHALT

AUS ALLER WELT

MODERNES LEBEN

ZU DEN JAHRESZAHLEN

Alle Ereignisse in diesem Buch geschahen, lange bevor Geschichtswissenschaftler etwas aufgeschrieben haben.

Anhand von Werkzeugen und anderen Dingen, die unsere Vorfahren uns hinterlassen haben, haben Fachleute ihr Wissen über diese Zeit zusammengetragen.

Neue Zeugnisse aus der Steinzeit werden immer wieder entdeckt und können unser Bild von dieser Zeit verändern. Alle Jahreszahlen in diesem Buch gründen auf dem, was Fachleute *bisher* entdeckt haben.

Geschichtswissenschaftler kennen mehrere Arten der Zeitrechnung.
In diesem Buch benutzen wir die Bezeichnung v. Chr., das heißt »vor Christus«. 8 000 v. Chr. heißt zum Beispiel 8 000 Jahre vor der Geburt Christi oder fast 10 000 Jahre vor heute.

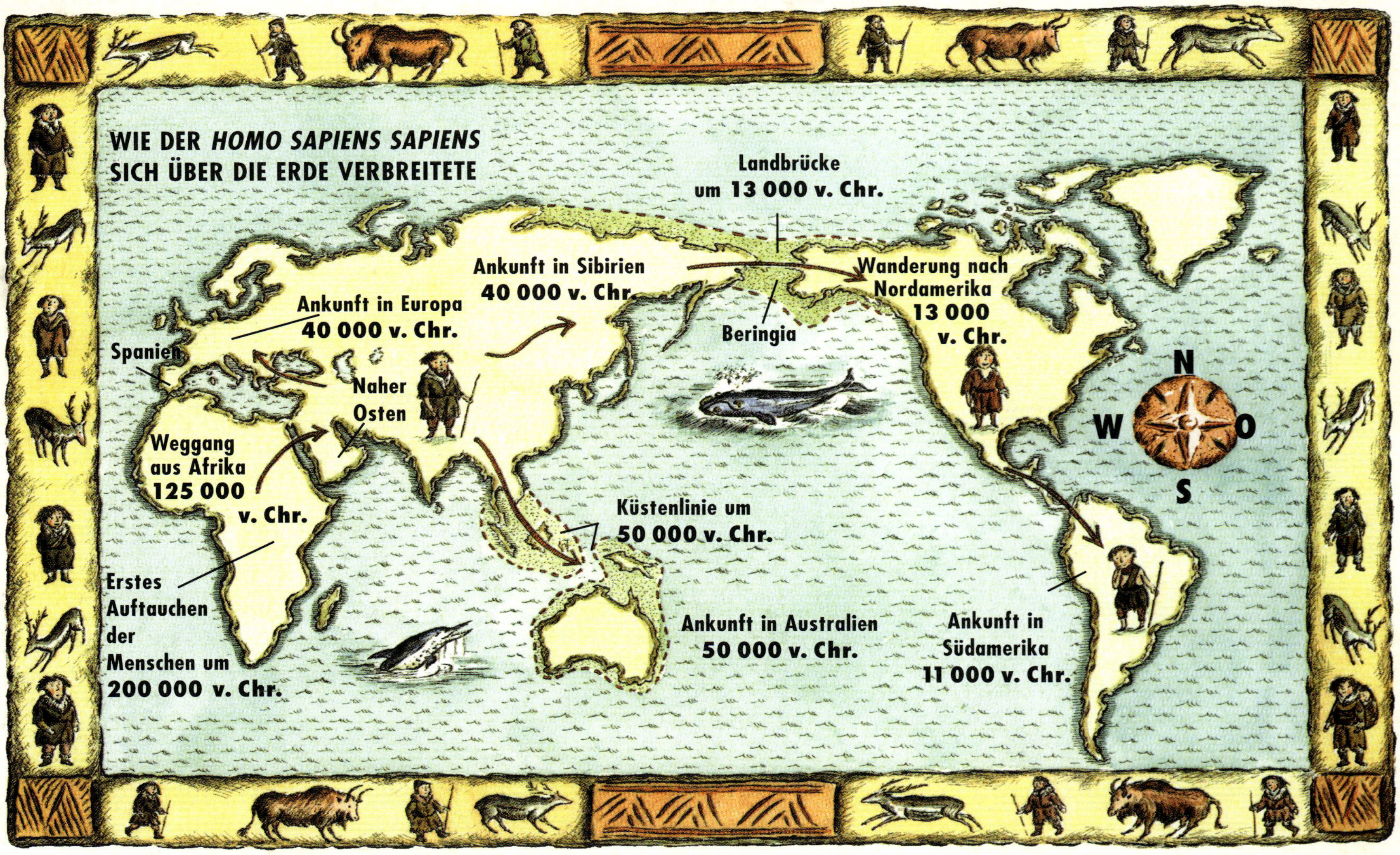

Karte von GILLIAN TYLER

HERAUS AUS AFRIKA!

Neue Horizonte: Eine Steinzeit-Familie steht an der Schwelle zu einer neuen Welt. Hinter ihnen liegt Afrika, vor ihnen ein unbekanntes Land.

Heute, 8 000 v. Chr., ist die Menschheit über die ganze Erde verbreitet – aber das war nicht immer so. Um 125 000 v. Chr. berichtete unser Reporter von unserer ersten folgenschweren Wanderung: heraus aus Afrika.

Als ich erfuhr, dass ein Teil unseres Volkes zu neuen Ländern aufbrechen wollte, beschloss ich das große Ereignis selbst mitzuerleben.

Wie die Wandernden brach ich am frühen Morgen auf, zur kühlsten Zeit des Tages.

Ich holte eine Familiengruppe ein, als sie gerade die Meerenge erreicht hatte, die Afrika vom Nahen Osten trennt.

Wir begrüßten uns und ich beglückwünschte sie zu ihrem kühnen Schritt ins Unbekannte.

»Kühn? Wir sind nicht kühn«, war ihre erstaunte Antwort. Für sie war es ganz natürlich, weiterzuziehen und die Tatsache, dass sie ins Unbekannte gingen, schien ihnen weder mutig noch ungewöhnlich.

EIN VOLK AUF DEN BEINEN

Wir Steinzeitmenschen ziehen natürlich immer weiter um Tiere zu jagen oder essbare Pflanzen zu sammeln. Aber bis jetzt haben wir Afrika noch nie verlassen.

Dieses große Land ist unsere Heimat, solange wir denken können, nämlich schon, seit es uns auf der Erde gibt!

Leider gehen unsere Aufzeichnungen nicht so weit zurück. Aber die meisten Fachleute denken, dass wir Jetzt-Menschen – oder *Homo sapiens sapiens*, wie sie sagen – unser Leben in Ostafrika um 200 000 v. Chr. begonnen haben.

Am Anfang soll es nur wenige von uns gegeben haben. Aber unsere Zahl hat sich stetig erhöht und heute sind wir ungefähr 100 000.

Und wir sind abenteuerlustig. Unsere endlose Suche nach neuen Jagdgebieten hat uns schon quer durch ganz Afrika geführt.

Jetzt gehen die ersten Gruppen in unbekanntes Gebiet und ein neues, aufregendes Kapitel der Geschichte beginnt.

Wir werden ihren Weg weiterverfolgen und exklusiv für Sie über jeden Schritt der Reise berichten.

DIE NEANDERTALER SIND

Keine Dummköpfe: Neandertaler waren geschickte Werkzeugmacher und erfolgreiche Jäger.

Kaum zu glauben, aber wir haben unser Land einmal mit einem völlig anderen Volk, den Neandertalern, geteilt. Unsere Zahl wuchs, aber sie wurden immer weniger. Dieser Bericht aus der Zeit um 28 000 v. Chr. deckt auf, dass sie vielleicht ganz verschwunden sind.

Gerade haben wir erfahren, dass in einer Höhle in Südspanien die Leiche eines Neandertalers entdeckt wurde.

Vermutlich hat der Mann dort länger allein gelebt und ist an Altersschwäche gestorben.

Seit langem haben wir nicht mehr über die Neandertaler berichtet. Aber unsere Aufzeichnungen bestätigen, dass sie zuletzt in Portugal und Südspanien gesehen wurden. Jetzt denken unsere Fachleute, dass dieser Mann vielleicht nicht nur der Letzte seiner Familie, sondern der Letzte seiner Art war.

ZUR ERINNERUNG

Soweit wir wissen, erschienen die Neandertaler um 250 000 v. Chr., also lange vor uns, und waren einmal in Europa und im Nahen Osten weit verbreitet. Unglaublich, dass sie alle von der Erde verschwunden sein sollen!

Wir von den *Steinzeit-*

WAS IST PASSIERT?

Die Nachricht über das Verschwinden der Neandertaler gab Anlass zu Theorien über ihr Schicksal. Was halten Fachleute davon?

ERSTE THEORIE:
Sie starben aus, weil Menschen der Gattung Homo sapiens sie alle getötet haben.

Wir wissen nichts über gewalttätige Zusammenstöße mit den Neandertalern. Sie waren friedliebend und liefen eher weg als zu kämpfen.

ZWEITE THEORIE:
Sie wurden von den Neuankömmlingen aus den besten Jagdgebieten vertrieben und hatten nicht mehr genug Nahrung zum Überleben.

Zwar gelang es fast immer, die Neandertaler aus den besten Jagd- und Sammelgebieten zu vertreiben. Aber wir wissen nicht, ob sie deshalb tatsächlich verhungert sind.

VERSCHWUNDEN!

Nachrichten glauben jedoch jetzt, dass dies der Fall ist. Aus Respekt vor diesem ausgestorbenen Volk beschreiben wir hier noch einmal, wie die Neandertaler lebten.

Zeichen: Ein Speer und Haugeräte aus einer verlassenen Wohnstätte sind vielleicht die letzten Spuren der Neandertaler.

WIE WIR, ABER ANDERS

Wie wir Jetzt-Menschen waren die Neandertaler Nomaden, die von Ort zu Ort wanderten und Tiere jagten und Pflanzen sammelten um sich zu ernähren. Unsere frühen Vorfahren sind ihnen begegnet, als sie nach neuen Jagdgebieten suchten.

Sie waren ein bisschen kleiner und etwas stämmiger, sahen aber fast so aus wie wir.

Auch ihre Art zu leben war der unseren ähnlich. Sie benutzten teilweise die gleichen Werkzeuge wie wir und wohnten oft in Höhlen. Sie lebten in Familienverbänden, kümmerten sich um die Kranken und Alten und begruben ihre Toten.

Aber sie sprachen eine andere Sprache als wir und unsere Vorfahren konnten sich deshalb nicht mit ihnen verständigen.

Alle unsere Berichte über sie zeigen, dass sie uns lieber aus dem Weg gingen. Wenn wir in ein Gebiet zogen, wo sie lebten und jagten, zogen sie sich rasch zurück, meistens in bergigeres Land.

Mit der Zeit sahen wir sie immer seltener und jetzt scheint es, als sähen wir sie nie wieder.

DRITTE THEORIE: ***Die Neandertaler steckten sich mit den Krankheiten des Homo sapiens an und starben aus, weil ihre Widerstandskräfte nicht reichten.***

Diese Theorie ist sehr unwahrscheinlich. Wenn dies sie getötet hätte, wäre es vor langer Zeit geschehen. Immerhin lebten wir seit Jahrtausenden in denselben Gebieten.

ANMERKUNG: **Unsere Fachleute haben uns gebeten zu betonen, dass niemand genau weiß, warum die Neandertaler ausgestorben sind. Vielleicht haben ja um 28 000 v. Chr. sogar noch einige von ihnen zurückgezogen gelebt?**

WO IST DER UNTERSCHIED?

Nur wenige von uns haben einen Neandertaler gesehen. Unterschieden sie sich von uns und wenn ja, auf welche Art? Wir haben tief in unseren Archiven gesucht um die folgende Liste zusammenzustellen.

NEANDERTALER	JETZT-MENSCH
Nicht sehr groß, ca. 169 cm, stämmige, untersetzte Gestalt	Groß, ca. 180 cm, mit schlankem Knochen- und Körperbau
Starke, schwere Knochen	Dünne, leichte Knochen
Breiter, großer Brustkorb	Langer, schmaler Brustkorb
Kurze Arme und Beine mit sehr kräftigen Muskeln	Lange Arme und Beine mit kleinen Muskeln
Niedrige Stirn	Hohe, gewölbte Stirn
Dicker Knochenwulst über den Augenbrauen	Flacher Knochen über den Augenbrauen

Große, breite Nase	Kleine, schmale Nase
Sehr gute Augen	Mittelgute Augen
Hohe, eckige Backenknochen und wuchtiges Kinn	Niedrige, gebogene Wangenknochen und kleines Kinn

EISZEITEN: KALTE TATSACHEN

Bild von MAXINE HAMIL

Während einer Eiszeit sind die Temperaturen auf der Erde niedriger als normal und sogar die heißesten Länder kühlen ab.

❄

Wenn die Erde kälter wird, dehnen sich riesige Eisplatten, manchmal bis zu 3 000 Meter dick, von den Eiskappen des Nord- und Südpols aus und bedecken Meer und Land.

❄

Das meiste Wasser der Erde gefriert. Die Ozeane schrumpfen und dabei entsteht neues Küstenland, weil große Teile des Meeresbodens auftauchen.

❄

Land, das nicht von Eisplatten bedeckt ist, trocknet aus, weil das Wasser gefriert und sehr wenig Regen fällt um es zu erneuern.

Sehr wenige Tiere können in der Nähe der riesigen Eisplatten überleben und wandern in wärmere Gebiete.

❄

Menschen können in vereisten Gebieten überleben, indem sie wärmende Kleidung und Unterstände benutzen. Aber wenn die Tiere, die sie jagen, weiterziehen, müssen sie ihnen folgen.

❄

Eiszeiten sind unterschiedlich lang, mehrere tausend Jahre oder nur ein paar hundert. Sie beginnen sehr langsam und enden sehr schnell.

❄

Niemand weiß genau, warum es Eiszeiten gibt, aber die Fachleute glauben, sie entstehen dadurch, dass die Erde ihren Lauf um die Sonne verändert.

Zeit zu gehen: Das Wetter wird schlechter und die Menschen in Zentralrussland ziehen nach Süden.

EIS KOMMT

Bild von LEE MONTGOMERY

Heutzutage klagen alle über das Wetter, aber wir haben es noch gut. Auf dem Höhepunkt einer Eiszeit zu leben ist schlimmer. Unser Reporter war um 16 000 v. Chr. dabei.

In meiner ganzen Zeit als Wetterredakteur habe ich noch nie solche Kälte erlebt.

Die Eisplatten, die sich vom Nord- und Südpol her ausdehnen, werden langsam aber sicher immer größer. Es gibt kaum noch Gebiete, wo die Winter nicht länger und die Sommer nicht kälter werden!

Den Nordosten Europas zum Beispiel kennen alle nur als eine unfruchtbare und eisige Wüste. Man kann nicht glauben, dass es hier einmal Pflanzen und Tiere gab.

Die Eisplatten kriechen jetzt über die Ebenen von Zentralrussland noch weiter nach Süden.

Kürzlich zog ich in die russische Ebene um zu sehen, wie die Menschen dort mit dem immer schlechter werdenden Klima umgehen. Es war Spätsommer, aber es fegten schon raue Winterstürme über das Land. Ich sah nur wenige Lebewesen.

ES WIRD WINTER

Ich fand eine Familie, die nach Süden aufbrach. Die Leute sahen dünn und erschöpft aus und erzählten mir, dass der Winter bei ihnen nun neun Monate

NÄHER

im Jahr dauert und dass sogar im Sommer die Jagdbeute nicht zum Überleben ausreicht.
Aber das ist nicht neu. Dasselbe geschieht auch in Deutschland, Belgien, England und Nordfrankreich. Die Menschen ziehen in großen Gruppen nach Süden zum Mittelmeer.
Die Berichte aus anderen Teilen der Erde sind genauso schlimm. Eisplatten vom Südpol haben sich bis nach Tasmanien ausgedehnt. In fast ganz Australien ist es so kalt, trocken und stürmisch, dass die Menschen an die Küste gezogen sind, wo noch Regen fällt.

Wo wird das alles enden? Manchmal glaube ich, dass die ganze Erde zu einem einzigen Eisblock wird, wenn das so weitergeht!

ÜBERGÄNGE

Eins der außergewöhnlichsten Ereignisse in der letzten großen Eiszeit war das Entstehen einer Landbrücke zwischen Asien und Nordamerika. Sie war ein Trittstein zwischen zwei Kontinenten. Heute gibt es sie nicht mehr, aber ihre Wirkung für die Erde war erstaunlich.

Während der letzten Eiszeit, die 23 000 v. Chr. begann, gefror das Wasser der See zu Eisplatten. Dadurch sank der Meeresspiegel an den Küsten und riesige Teile des Meeresbodens tauchten auf.
Eins dieser neuen Gebiete, Beringia, erstreckte sich von Sibirien bis nach Nordamerika. Wie über eine Brücke konnten die Menschen erstmals von einem Kontinent zum anderen gehen.

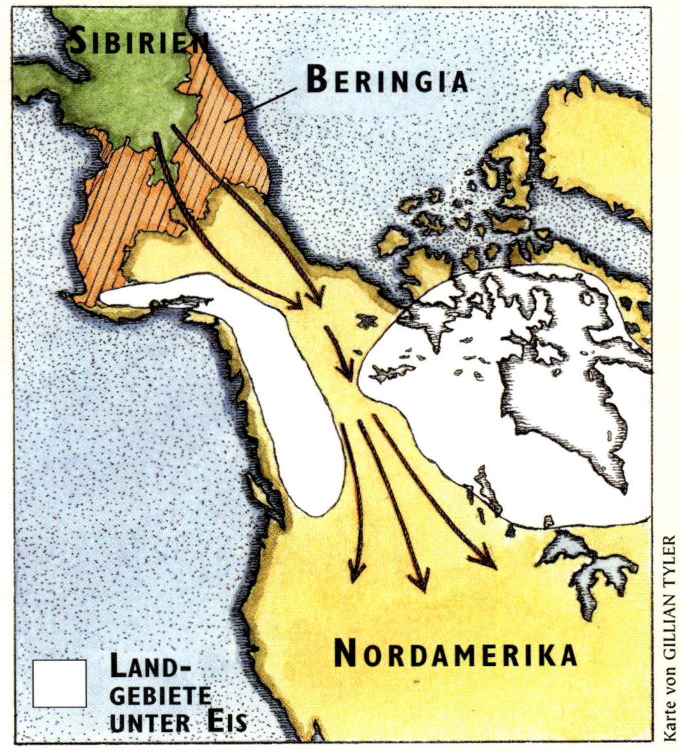

Erste Schritte: Der Weg der Menschen nach Amerika.

AUF ZU NEUEN LÄNDERN

Die Menschen gingen nicht alle auf einmal über diese Brücke. Sibirische Jäger zogen erst nach Beringia, als sie merkten, dass es dort wärmer war.
Das Land war flach und es gab viele fischreiche Flüsse. Elche und Bisons fraßen das Steppengras und die Jagd war gut.
Und langsam folgten die Jäger den Tierherden nach Süden durch Beringia, bis sie schließlich die Spitze Nordamerikas erreichten.
Bis dahin hatte es in Amerika keine Menschen gegeben, aber jetzt wurde es durch das eisige Wetter und die neuen Landmassen möglich, diesen großen, unbekannten Kontinent zu betreten. Eine Gruppe nach der anderen kämpfte sich nach Süden über die Eisplatten, die die Küsten bedeckten.
Jetzt, 8000 v. Chr., leben wir nicht mehr in einer Eiszeit. Der Meeresspiegel ist wieder gestiegen und die Landbrücke ist verschwunden. Aber ohne Beringia wäre Amerika immer noch ein leeres, unerforschtes Land.

Belohnung für die Mutigen: Südlich von Nordamerikas eisigen Bergen liegt ein Jagdparadies.

EIN ÜPPIGES LAND

Bild von PETER VISSCHER

Heute, 8000 v. Chr., ist Amerika ringsum von einem riesigen Meer umgeben. Aber 11000 v. Chr. ging einer unserer Reporter über die Beringia-Landbrücke und befragte einen jungen Mann über das Leben in Amerika.

»Mein Vater ist in Beringia, der Landbrücke zwischen Sibirien und Amerika, geboren. Als er klein war, zog seine Sippe in einem Jahr weiter nach Osten als sonst, als sie den Rentieren folgte.

Bald lag Beringia weit hinter ihnen und sie waren in Alaska. Aber der Winter dort war zu kalt und so gingen sie weiter nach Süden.

Wochenlang waren sie von Eiswänden rechts und links ihres Weges eingeschlossen. Dann sahen sie schneebedeckte Berge und fürchteten, dass ihr Weg blockiert sei. Aber sie gingen weiter und ihr Mut lohnte sich. Auf der anderen Seite der Berge erstreckte sich eine riesige Ebene. Dort blieb unsere Sippe und ich bin da geboren.

SELTSAME WILDE TIERE

Es kommen oft Leute vorbei, die nach Süden ziehen, aber ich wollte noch nie mit ihnen gehen. Es gibt hier so viele große Tiere zu jagen, zum Beispiel Bisons, Kamele und Antilopen. Wir haben also mehr als genug zu essen und leben gut.

Die alten Leute erzählen, dass sie niemals solche Tiere gesehen hätten, bis sie hierher kamen. Die Tiere waren auch noch nie Menschen begegnet und waren so zahm, dass die Jäger sie fast so mit nach Hause nehmen konnten.

Jetzt geht das natürlich nicht mehr, aber das Jagen hier ist immer noch einfach. Und wenn wir ein bisschen Aufregung wollen, können wir die gefährlicheren Tiere wie Bären, Tiger oder Mammuts jagen.

Amerika ist wirklich ein Jagdparadies und es gibt Platz genug für noch mehr Menschen. Es ist ein Land der unbegrenzten Möglichkeiten.«

NEU-MODISCHER ACKERBAU

Bild von SHARIF TARABAY

Früchte der Arbeit: Ein Kornfeld abzuernten ist harte, aber lohnende Arbeit.

Dieser Sonderbericht wurde erstmals 8 400 v. Chr. gedruckt und stellt sogar heutige Berichte in den Schatten. Unser Reporter im Nahen Osten beschreibt eine neue Art des Nahrungssammelns, die Ackerbau heißt.

Ich hatte gehört, dass ein paar Menschen in Syrien eine neue Art der Nahrungsbeschaffung ausprobierten. Statt wie wir alle den Herden zu folgen, blieben sie an einem Ort! Ich musste dieses seltsame Verhalten näher untersuchen.

Als ich ankam, führte eine Frau mich herum. Sie zeigte mir ein großes Gebiet mit Hunderten von hohen Pflanzenbüscheln. Ich erkannte sie als Weizen, Roggen und Gerste, aber ich hatte noch nie so viele auf einmal gesehen. Man findet eigentlich immer nur ein paar Büschel an einem Ort. Meine Führerin erklärte, wie es dazu gekommen war.

SAAT DES ERFOLGES

Vor ein paar Jahren war das Klima hier sehr trocken geworden. Es gab nicht mehr so viele verlässliche Wasserquellen und die Menschen konnten nicht mehr so weit wandern wie früher. Sie mussten in der Nähe der Flüsse bleiben.

Weil sie nicht mehr so weit gehen konnten, um Nahrung zu finden, legten sie einen Getreidevorrat an um die Wintermonate zu überleben. In einem Frühling merkten sie, dass einige Körner, die sie verloren hatten, gekeimt waren.

Sie verstreuten noch mehr Samen, diesmal aber auf einem Stück Land, das sie von wilden Pflanzen befreit hatten. Nach mehreren Versuchen gelang es ihnen, eigene Pflanzen zu züchten. Jetzt streuen sie jeden Frühling Samenkörner.

Sind die Ähren reif, schneiden sie sie mit gebogenen Messern aus Feuerstein. Das Korn wird dann von den Hülsen befreit, in der Sonne getrocknet und in Körben aufbewahrt.

Ich war erstaunt über all das. Je mehr ich darüber nachdachte, desto mehr Sinn machte der Ackerbau. Er könnte alles verändern! Wir könnten uns an einem Ort ansiedeln und unser eigenes Getreide ziehen wie die Menschen hier. Dann müssten wir nicht im Herbst das Land nach Nahrung absuchen um den Winter zu überleben. Und wenn es zu wenig Tiere gibt und die Jagd schlecht ist, haben wir trotzdem etwas zu essen.

Steinzeitmenschen haben oft feste Gewohnheiten, aber man muss mit der Zeit gehen. Hoffentlich setzt sich dieser neumodische Ackerbau durch!

Cartoon by JAMIE CHARTERIS

Der Augenblick des Sieges: Jäger treiben eine Bisonherde erfolgreich in die Enge.

BISON-JAGDGLÜCK!

Bild von GINO D'ACHILLE

Wir kennen alle das Problem, für den Winter genug Lebensmittelvorräte beschaffen zu müssen. Aber jetzt bietet das Massentöten bei der Jagd eine Lösung. Lesen Sie den Bericht unseres Reporters über eine Bisonjagd im Herbst.

Die Sonne war gerade aufgegangen, als ich mit den Jägern zum großen Ereignis aufbrach.

Die große Zahl von Menschen, die sich hier in der nordamerikanischen Ebene eingefunden hatten, erstaunte mich: Mit Frauen und Jungen waren es ungefähr hundert, viel mehr als die normalerweise kleinen Jagdgruppen.

Unser Anführer erzählte mir, dass eine Herde Bisons jeden Herbst hier vorbeizog.

Man wollte die Herde in einer engen, steilen Schlucht fangen. Aus dieser Sackgasse kämen sie nicht mehr heraus.

Wir griffen zu unseren Waffen, als ein Späher meldete, dass die Herde gesichtet worden sei.

Der Anführer schickte ein paar Jäger auf die andere Seite der Schlucht. Wir anderen bildeten einen Halbkreis hinter der Herde. Plötzlich gab der Anführer ein Zeichen und wir schwenkten unsere Speere und schrien.

Die erschrockenen Bisons flüchteten stampfend direkt in die Schlucht. Sie gerieten in Panik und trampelten kleinere Tiere nieder. Einige wollten seitlich aus der Schlucht fliehen, aber die Jäger auf der anderen Seite stießen sie mit ihren Speeren wieder zurück.

TÖDLICHE JAGD

Es regnete Speere auf die Bisons herab. Viele waren tot, als wir näher kamen, andere mussten wir noch erstechen. Als der Nachmittag vorbei war, gab es kein einziges lebendes Bison mehr.

Ich sah mir den Berg Fleisch an, der da vor mir lag, und war erstaunt, wie schnell diese Jagd zu Ende gegangen war. Geschnitten und getrocknet würde das Fleisch unsere Familien monatelang ernähren.

Es war wirklich eine gute Lösung, statt in kleinen Gruppen in solch großen zu jagen. Müde aber stolz mussten wir das Fleisch noch aufteilen und es nach Hause schaffen. Aber zuerst gab es etwas viel Wichtigeres: ein großes Fest mit frisch gebratenem Bisonfleisch.

HEISSE JAGDTIPPS

Bild von MAXINE HAMIL

Unser Jagd-Ratgeber ist unseren Lesern schon lange eine große Hilfe. Hier veröffentlichen wir noch einmal unsere Antworten auf die häufigsten Fragen.

? Ich habe kein Glück beim Vogelfang. Was mache ich falsch?

Verheddert: Gefangene Vögel.

Streuen Sie Körner. Wenn die Vögel diese aufpicken, werfen Sie ein feines Netz über sie und beschweren es mit Steinen, damit sie nicht wieder entkommen.

? Welche Waffe trifft ein entferntes Ziel am besten?

Das ist die alte Frage: herkömmliche Speere oder moderne Pfeile und Bogen? Viele Jäger können mit Speeren besser zielen, aber andere halten Pfeile für schneller und besser im Wald. Sie müssen selbst entscheiden, denn beide töten gleich gut.

? Wie fängt man am besten kleine, schnelle Tiere wie Hasen?

Das ist sehr einfach. Knoten Sie einen Strick aus Pflanzenfasern zu einer Schlinge.

Befestigen Sie die Schlinge an einem Baum über einem Weg, den Hasen oft benutzen. Beschweren Sie die Schlinge mit einem Zweig und legen Sie einen Köder daneben.

Wenn der Hase auf den Zweig springt, zieht sich die Schlinge um seine Pfote und er kann nicht entkommen.

Pass auf!: Ein ahnungsloser Hase vor der Schlinge.

HUNDELEBEN

Heute, 8000 v. Chr., halten viele von uns Jagdhunde. Aber wer weiß schon, dass die freundlichen Haustiere von einem wilden Tier, dem Wolf, abstammen? Dieser Artikel aus dem Jahr 2500 v. Chr. erzählt, wie alles anfing.

Erstaunlich, aber wahr: Menschen und Wölfe, zwei völlig verschiedene Arten, leben Seite an Seite!

Jäger in Nordeuropa ziehen jetzt Wolfswelpen auf, die sich beim Menschen wohl fühlen und sogar auf Befehle hören.

WELPENLIEBE

Die Idee, Wölfe zu zähmen, entstand, als Kinder verlassene Wolfswelpen fanden. Sie nahmen sie mit nach Hause, fütterten sie mit Resten, streichelten und bemutterten sie.

Da wir Angst vor den Wölfen hatten, konnten wir uns nicht vorstellen, sie als Haustiere zu halten. Durch den Kontakt zum Menschen aber wurden diese Welpen zahm.

Die Wölfe liefen nicht weg, als sie alt genug für die Jagd waren, sondern betrachteten die Kinder als ihre »Familie«. Sie spielten mit ihnen und ahmten sogar ein paar menschliche Gesichtsausdrücke nach, indem sie ihre Lefzen zu einem »Lächeln« kräuselten. Kein wilder Wolf würde so etwas tun!

Als die Kinder älter wurden und auch auf die Jagd gingen, kamen ihre Wölfe mit.

Natürlich hatten die Wölfe sehr gute Jagdinstinkte. Sie hatten Spaß am Jagen und konnten versteckte Tiere hinter Büschen und Bäumen aufspüren und dort festhalten, bis die Jäger kamen.

Als die Jäger gesehen hatten, wie nützlich diese zahmen Wölfe waren, zogen sie selbst Wolfswelpen groß. Menschen und Hunde – der Beginn einer Freundschaft.

Die besten Freunde: Kinder spielen mit ihrem Wolfswelpen.

MACHEN SIE DAS BESTE AUS EINEM MAMMUT

Bilder von BEE WILLEY

Mammuts sind leicht zu finden, aber jeder weiß, wie schwer sie zu fangen sind. Grund genug für Sie, das Beste aus einem frisch getöteten Mammut zu machen. Hier ein paar nützliche Tipps!

1 FLEISCH

- Bieten Sie anderen an, was Sie nicht verwerten können – denn Großzügigkeit ist immer beeindruckend!

3 Knochen

- Nehmen Sie die größten Knochen als Gerüst für eine Hütte.

5 FETT

- Essen Sie es – es gibt Ihnen zusätzliche Kraft.
- Reiben Sie sich bei Kälte die Haut mit etwas Fett ein, dann frieren Sie nicht.
- Schütten Sie etwas Fett in eine Steinmulde und benutzen Sie einen Zweig als Docht. Schon haben Sie eine Lampe, die ein warmes, gelbes Licht gibt.

6 HIRN

- Rohes Hirn tut alten Menschen und Kindern gut, weil es so leicht zu kauen ist.
- Reiben Sie es auf die Häute. Es macht das Leder weich und geschmeidig.

7 STOSSZÄHNE

- Das Elfenbein der Zähne ist sehr wertvoll und eignet sich gut für den Handel.
- Schnitzen Sie es zu kleinen Statuen und Amuletten.
- Machen Sie Perlen daraus.
- Schärfen Sie es mit einem Messer zu harten, tödlichen Speerspitzen.

8 ZUNGE

- Das Fleisch einer Mammutzunge ist sehr schmackhaft. Entfernen Sie die raue, borstige Haut und schneiden Sie das Fleisch in kleine Stücke. Geben Sie es zahnlosen alten Menschen und Kleinkindern. Sie können das Fleisch aussaugen und alles ausspucken, was sie nicht kauen können.

- Essen Sie es roh oder gebraten, es ist lecker!
- Trocknen Sie rohe Fleischstreifen in der Sonne. Sie halten sich monatelang.
- Geben Sie Ihren Hunden ein paar Stücke.

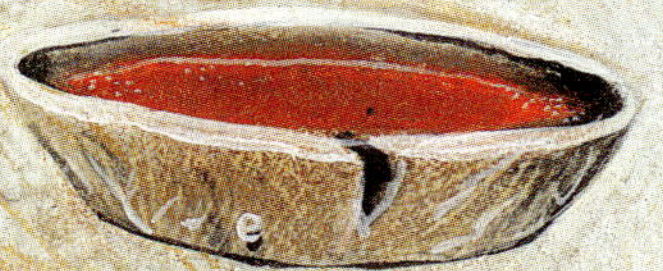

2 BLUT
- Trinken Sie so viel wie möglich, wenn es frisch ist.
- Geben Sie es zum Eindicken in Eintöpfe.

- Stützen Sie Fleischspieße über dem Feuer mit kleineren Knochen ab.
- Schnitzen Sie Knochenstücke zu scharfen Nadeln und Speerspitzen.

4 HAUT
- Reiben Sie die Fellseite mit Fett ein um sie als Zeltplane Wasser abstoßend zu machen.
- Mammuthaut ist dick und schwer und eignet sich gut als warmer Umhang.

9 SEHNEN
- Benutzen Sie die faserigen Teile der Muskeln, die Sehnen, als Fäden um Häute zu Zeltplanen zusammenzunähen.
- Benutzen Sie sie um Feuerstein- und Knochenspitzen an Holzgriffe zu binden.

10 FELL
- Flechten oder drehen Sie längere Strähnen zu Seilen oder Kordeln.
- Binden Sie Haarbüschel an Ihre Kleidung. Ein Pelzbesatz sieht gut aus und wärmt.

GUTER FANG!

Benutzen Sie unsere tödlichen Harpunenklingen. Schieben Sie sie einfach auf einen Stock oder Stab. Kein Fisch entkommt den neuen, ausgezackten Widerhaken.

SPIESS UND HAKEN, SÜDWESTFRANKREICH

KURSE FÜR SPURENSUCHER

LERNEN SIE
- TIERE ANHAND IHRER FÄHRTEN ZU ERKENNEN.
- MIT EINEM BLICK ZU SEHEN, WANN EINE HERDE VORBEIGEZOGEN IST.
- DIE NEUESTEN FALLEN ZU BAUEN.

BESUCHEN SIE UNS, WENN SIE DURCH ENGLANDS THEMSETAL KOMMEN.

Bezaubernd!

Haben Sie das Vertrauen in Ihr Jagdglück verloren? Wollen Sie Ihre Familie mit Ihrem Jagdgeschick beeindrucken? Unsere Mammut-Knochenamulette sind garantierte Glücksbringer!

◇ ALLES FÜR DEN JAGDZAUBER, SIBIRIEN, NORDASIEN ◇

BRENNENDE FRAGEN

Bilder von CHRIS MOLAN

Köche haben heute mehr Möglichkeiten, Essen zuzubereiten als jemals zuvor. Aber ist der gute alte Braten nicht unschlagbar? Wir baten einen traditionellen Koch und einen, der gerne neue Rezepte ausprobiert, um ihre Meinung.

DER TRADITIONELLE

»Die alte Art zu kochen ist die beste! Fleisch braten gelingt immer. Warum kostbares Essen verschwenden, um neue Zubereitungsarten auszuprobieren, die vielleicht nicht gelingen?

Ein Stück Fleisch kann man überall braten. Sie stecken es einfach auf einen Holzspieß und legen es auf Stützen über ein Feuer.

Das ist eine sehr gesellige Art zu kochen. Meine Familie sitzt gerne um ein Feuer. Wir unterhalten uns und warten dabei auf unser heißes, saftiges Stück Fleisch aus der Keule.

Und man kann das Fleisch beim Braten beobachten, damit nichts schief geht. Bei der neuen Zubereitungsmethode steckt man alles in einen Sack. Und woher soll man dann wissen, wann das Fleisch gar ist?«

Der Familien-Braten: Eine Tradition, auf die man stolz sein kann.

Kochen im Sack: Das löst heiße Debatten aus!

DER EXPERIMENTIERFREUDIGE

»Das traditionelle Braten bringt gute Ergebnisse, richtig. Aber es ist langweilig, jeden Tag dasselbe zu kochen. Ich probiere gerne Neues aus, zum Beispiel ›Kochen im Sack‹. Das ist wirklich einfach.

Zuerst graben Sie ein Loch als Kochtopf in den Boden. Dann wird das Loch mit einer dicken Tierhaut ausgelegt, bis es rundum wasserdicht ist.

Ein Tiermagen wird sorgfältig gereinigt, mit Essen gefüllt und fest zugebunden, damit nichts herausläuft.

Das Loch im Boden mit Wasser füllen und glühend heiße Steine aus dem Feuer hineinwerfen, die das Wasser zum Kochen bringen. Dann den gefüllten Magen hineingeben und kochen lassen.

Das Fleisch kocht im eigenen Saft zu einem kräftigen Eintopf. Verändern Sie den Geschmack mit Kräutern und Gewürzen oder mit Gemüse oder Früchten. Versuchen Sie Rentier mit Bohnen oder Wasservogel mit Beeren und Knoblauch!

Meine Familie freut sich jetzt immer auf die Mahlzeiten und jeder versucht zu raten, was heute im Essen ist.

›Abwechslung würzt das Leben!‹, sagt man. Das stimmt immer – das beweist der Eintopf aus dem Sack!«

OMAS KÜCHE

Bilder von EMILY HARE & MIKE WHITE

Erfahrung ist der beste Lehrmeister, sagt man. Fragen wir also Oma, die als Fachfrau viele Jahre eine hungrige Familie satt bekommen hat, nach ihren besten Tipps.

In jedem Herbst reifen Unmengen von Nahrungsmitteln gleichzeitig, die Sie gar nicht alle essen können. Aber Sie können sie haltbar machen. Zum Beispiel so:

- Wenn Sie Gemüse und Früchte trocknen, können Sie sicher sein auch im Winter genug Vorräte zu haben. Früchte in kleine Stücke schneiden und auf flachen Steinen oder Holzplatten an einen sauberen, luftigen Ort stellen. Die Stücke trocknen schneller, wenn sie sich nicht berühren und von allen Seiten gut belüftet sind. Ist das Wetter schlecht, trocknen Sie sie beim Feuer.
- Sie können auch Fleisch und Fisch in dünnen Streifen trocknen. Die meisten Leute trocknen sie draußen, aber ich hänge sie über ein Feuer, weil es so schneller geht und der Rauch ihnen einen angenehmen Geschmack gibt.

- Sind die Nahrungsmittel getrocknet, legen Sie sie auf Grasmatten oder in Körbe. Sorgen Sie für eine trockene Umgebung.

- Legen Sie einige Körner Weizen, Gerste oder Mais beiseite, damit Sie auch im Winter ausgewogen essen. Heben Sie sie in Körben neben Ihren anderen getrockneten Nahrungsmitteln auf. Guten Appetit in diesem Winter!

FEUERSTEIN-ERFAHRUNGEN

Bilder von IAN THOMPSON

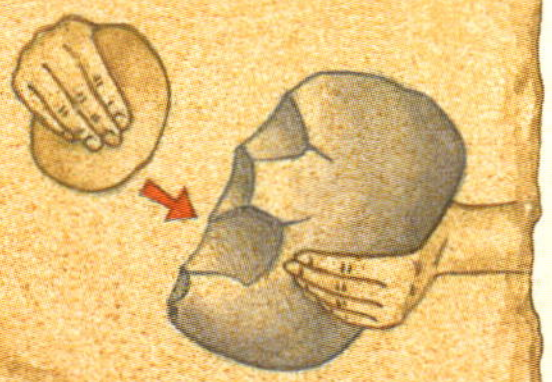

1 Schlagen Sie mit einem Steinhammer die Grundform, also den Kern, heraus. Daraus kann man viele Klingen machen.

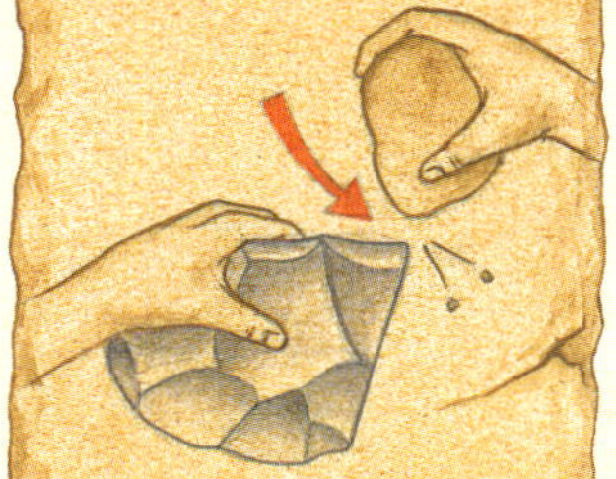

2 Dann flachen Sie eine Seite des Kerns ab um für Schritt 4 eine Schlagfläche zu bekommen.

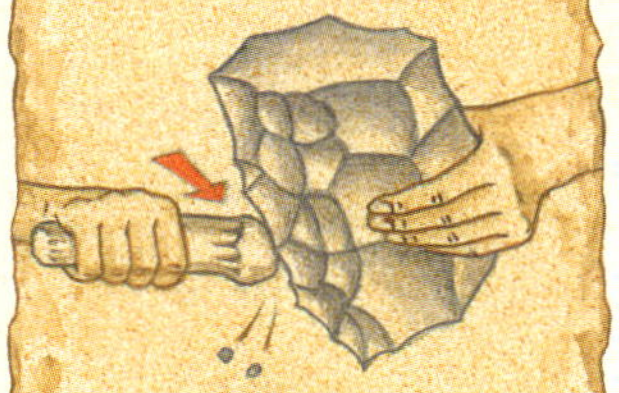

3 Schlagen Sie mit einem weichen Geweihhammer eine Rille in eine Seite des Kerns.

Für dieses Exklusiv-Interview konnten wir den zurzeit besten Feuersteinhauer ausfindig machen. Hier verrät er uns nicht nur, wie stolz er auf sein Handwerk ist, sondern gibt auch ein paar Geschäftsgeheimnisse preis.

? Dauert es lange, das Behauen von Feuerstein zu erlernen?
Oh ja, das ist eine Lebensaufgabe. Nur wenige Männer in jedem Familienverband wählen es sich als ihr Handwerk.
Ich fing als junger Mann an und sah den anderen Steinhauern zu. Später zeigten sie mir, wie Werkzeuge aus Feuerstein hergestellt werden. Ich verbessere meine Technik sogar heute noch.

? Was muss ein guter Feuersteinhauer können?
Mit Gefühl für den Stein einen guten Brocken erkennen. Der Stein darf nicht durch Hitze oder Frost geborsten sein, sonst bricht er nicht sauber ab. Ich klopfe einen neuen Steinbrocken immer mit einem Kiesel ab. Gibt es einen klaren Ton, dann ist er gut. Die anderen werfe ich weg.

Feuerstein ist nicht leicht zu bearbeiten. Man muss geduldig sein und sich sehr auf die Arbeit konzentrieren.
Ein einziger falscher Schlag zerbricht einen Feuerstein und Dutzende scharfer Splitter fliegen durch die Luft. Man kann dadurch sogar blind werden!

? Was ist das Besondere an Feuerstein?
Man kann härteres und schärferes Werkzeug daraus machen als aus Holz oder Knochen. Und sorgsam behandelt hält es auch viel länger.
Feuerstein soll es in manchen Teilen der Erde nicht geben, dort werden andere Steine benutzt. Darüber weiß ich aber nicht viel.
Meiner Meinung nach gibt es nichts Besseres. Vielleicht ein Vorurteil, aber ich mag es, wie er aussieht und sich anfühlt. Es gibt ihn von schwarz bis blassgrau, und er ist glatt und kühl. Er ist einfach das beste Material! ?

4 Schlagen Sie von der flachen Seite aus rund um den Kern lange Feuersteinspitzen ab.

5 Klopfen Sie eine Spitze nach der anderen an den Rändern ab um sie zu schärfen.

6 Und das ist das Ergebnis: eine vollkommene und tödliche Speerspitze.

HERAUSFORDERUNG!

Ich binde ein Feuersteinwerkzeug schneller
als jeder andere an einen Griff.
Können Sie mich schlagen? Versuchen Sie es!
Ich wette um ein frisch getötetes Bison.

Sie finden mich in Death Valley, Nordamerika

AN ALLE FEUERSTEINHAUER

BEI UNS GIBT ES:

- harte Steinhämmer
- weiche Hämmer aus Geweih, Holz oder Knochen
- Ledertücher als Schutz vor scharfen Feuersteinsplittern

Rund um den Feuerstein, South Downs, Europa

IDEALER WERKZEUGKASTEN

Bilder von MAXINE HAMIL

Vor langer Zeit waren Handäxte die einzigen Werkzeuge bei uns. Heute haben wir so viel verschiedenes Werkzeug, dass die Wahl schwer wird. Wir stellen Ihnen hier die fünf besten Werkzeuge vor.

Das richtige Werkzeug: Tierhäute werden am besten mit einem Schaber gereinigt.

MESSER

Messer sind unsere wichtigsten Werkzeuge. Es gibt viele verschiedene, aber manche sind nützlicher als andere.

Dies sind die Besten: kleine, dünne Messer für Holz oder Knochen, lange Messer für die Jagd oder kurze, breite Messer zum Fleischschneiden.

Holzbearbeitung: Benutzen Sie zum Schnitzen ein kleines Messer.

SCHABER

Meistens schaben wir mit diesen stumpfen Klingen das Fleisch von Tierhäuten ab. Aber sie eignen sich auch für andere Aufgaben: Zum Beispiel kann man eine Knochenoberfläche damit glätten oder ein Stück Holz aushöhlen um eine Schale zu schnitzen.

Mit Schabern kann man am besten arbeiten, wenn man sie an einen Holzgriff oder Stiel bindet. Das gibt festeren Halt und ist wirksamer.

STICHEL

Diese kleinen Klingen werden für feine Arbeiten benutzt. Nur mit einem Stichel gelingt es, kleine, zierliche Dinge zu formen, zum Beispiel Nadeln oder Perlen für Halsketten. Mit der scharfen Spitze kann man zerbrechliche Knochen, Geweih und sogar Elfenbein schnitzen. Und in die fertige Schnitzerei kann man mit einem Stichel auch Muster oder Bilder einritzen.

Weil ein Stichel auch eine harte, scharfe Kante auf einer Seite hat, kann er als kleiner Schaber benutzt werden um Unebenheiten von Knochen zu entfernen.

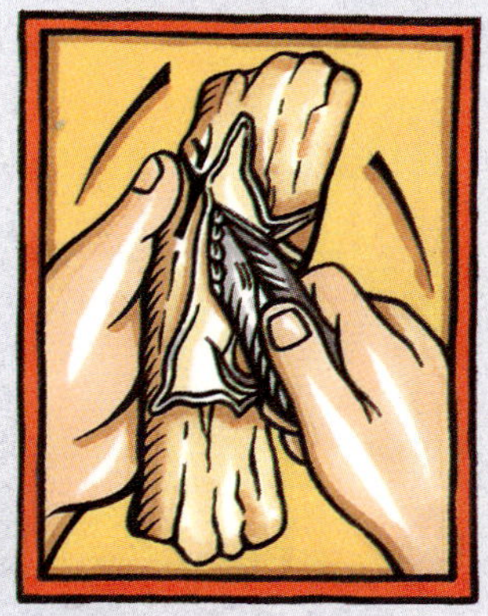

Kunstwerk: Stichel sind ideal zum Bilderschnitzen.

AHLEN

Diese langen und spitzen Bohrwerkzeuge werden nicht oft benutzt und sind doch wichtig.

Mit Ahlen kann man am besten Löcher in Häute stechen, bevor man sie zusammennäht. Man kann damit auch Löcher in Knochen bohren.

Guter Rat: Scharfe Ahlen mit Vorsicht benutzen!

SPITZEN

Was würden unsere Jäger wohl ohne diese starken Klingen an ihren Speeren machen? Sie sind genau richtig um wilde Tiere zu töten.

Speerspitzen gibt es in verschiedenen Größen und Formen. Die besten sind an den Rändern beider Klingenseiten geschärft und nicht nur an einer.

***Anmerkung:** Ihr Werkzeug ist Ihr zweites Paar Hände. Achten Sie gut darauf! Wenn Sie es nicht brauchen, halten Sie es sauber und wickeln Sie es in ein Stück Leder um die scharfen Kanten zu schützen.*

MODE UND

Bilder von SUE SHIELDS

Federspaß: Ein modischer Besatz frischt Ihre Kleidung auf.

Fragen Sie sich, wie Sie mit der neuesten Mode gehen können? Hier ist ein zeitloser Rat von unserem Moderedakteur. Offensichtlich ist Stil mehr als nur jährliche modische Veränderung ...

Die meisten von uns richten sich mit ihrer Kleidung nach der zeitgemäßen Mode. Aber für gutes Aussehen gibt es noch andere Tricks, die wir manchmal vergessen – mit verheerenden Folgen.

Es hört sich vielleicht langweilig an, aber wählen Sie praktische und hochwertige Kleidung. Sie sehen besser aus und fühlen sich wohler.

Nehmen Sie diese drei Dinge: Tunika, Hose und Besatz, und Sie machen keine Fehler.

Hosen sind praktisch für Männer und Frauen. Die Tunika mit oder ohne Gürtel kann leicht aus einem Rechteck für jede Größe passend zugeschnitten werden, für schlanke Jäger genauso wie für schwangere Frauen.

Aber es liegen Welten zwischen Hose oder Tunika, die schön geschnitten und sauber genäht worden sind, und mancher zusammengepfuschter Kleidung, die nur von lockeren Lederriemen gehalten wird!

Gute Tierhaut muss nicht schlecht zugeschnitten sein. Steinmesser sind leicht zu bekommen. Wenn Ihres stumpf ist, schärfen Sie es oder ersetzen Sie es einfach.

MODISCHER SCHNITT!

Wenn Sie nicht sicher sind, wie viel Leder Sie brauchen, nehmen Sie eine alte Tunika oder Hose als Schnittmuster oder leihen Sie sich etwas von einer modischen Freundin und kopieren Sie es.

Wählen Sie die richtige Stärke der Haut. Es nutzt nichts, ein schönes und dünnes Gämsenleder zu tragen, nur weil es Mode ist, und im Winter zu zittern. Ein Umhang aus schwerem Mammutleder

DER LETZTE SCHLIFF

Jeder hat mal die alten Kleider satt. Sie auch? Wir zeigen Ihnen, was Sie mit einigen Handgriffen erreichen können.

◇ Schmuck, bunte Gesichtsfarben und modische Frisur geben Ihnen ein neues Aussehen. Tragen Sie glänzende Perlenketten als Blickfang auf Ihrer Kleidung. Wenn Ihre Tunika ausgeleiert ist, nehmen Sie einen alten Gürtel und verzieren Sie ihn mit Muscheln.

◇ Pflanzenkerne, Tierzähne, Muscheln und sogar Fischschuppen können zu interessanten Halsketten werden.

Bohren Sie ein Loch in jedes Stück und fädeln Sie es auf eine starke Kordel, zum Beispiel aus gedrehten Pflanzenfasern oder starken Lederstreifen, auf.

◇ Die meisten Männer lassen Haare und Bart gerne wachsen, wie sie

AUSSTRAHLUNG

Cartoon von JAMIE CHARTERIS

ist nicht so elegant, aber mit einem guten Schnitt sieht er besser aus und Sie frieren nicht.

Gutes Nähen erfordert auch gutes Werkzeug. Man kommt zum Beispiel nicht leicht an feine Nadeln aus Geweih, aber für saubere Säume sind sie unerlässlich.

Riskieren Sie nicht, dass Ihre Nadeln zerbrechen. Stechen Sie die Löcher mit Steinahlen in das Leder, bevor Sie es mit einer feinen Nadel zusammennähen.

Und schließlich der Besatz. Wenn Sie Ihre Kleidung verzieren möchten, übertreiben Sie es nicht zu sehr. Sie müssen auch hierbei praktisch denken. Exotische Seemuscheln um einen Halsausschnitt sind eine Weile hübsch, aber sie zerbrechen leicht und das sieht unordentlich aus. Federn sind auch sehr attraktiv, wenn es nicht zu viele sind. Sie können stattdessen auch kleine Fellbüschel aufnähen. Sie sehen genauso gut aus und, was noch wichtiger ist, sie halten länger.

Ihre Kleider verraten genau, wer Sie sind. Lassen Sie sich also nicht gehen. Es hängt von Qualität und Bequemlichkeit ab, ob man gut aussieht und sich wohl fühlt. Seien Sie schick, aber nie schäbig.

Jagdkleidung: Strapazierfähig und praktisch muss sie sein.

wollen, aber Frauen haben lieber neue Frisuren. Schulterlanges Haar mit Stirnfransen sind zurzeit in. Viele Frauen mit dieser Frisur flechten ihr Haar, damit es ihnen bei der Arbeit nicht im Weg ist.

◇ Gesichtsbemalung für Feste und andere Gelegenheiten ist immer bunt und auffallend. Es macht Spaß, Farben auszuprobieren. Fein zerstampfter roter oder gelber Ocker ergibt mit Wasser gemischt strahlende Farben.

MEINE EIGENE HÖHLE

Bild von CHRIS MOLAN

Manchen Menschen gelingt es, auch aus dem ärmlichsten Loch ein gemütliches Heim zu machen. Wir schickten einen Reporter nach Südfrankreich, um eine Frau zu fragen, wie sie mit dem Höhlenleben zurechtkommt.

»Unser Familienverband hat diese Höhle im Spätsommer entdeckt und wir haben den Winter hier verbracht. Größe und Lage sind gerade richtig.

Es gibt genug Platz für uns alle. Draußen fließt ein Fluss vorbei und die Bäume auf den Hügeln versorgen uns nicht nur mit Holz für Feuer und für Werkzeuge, sondern schützen uns auch vor den schlimmsten Stürmen und Schneefällen. Und es gibt viel zu essen: Tiere zum Jagen und Nüsse und Beeren zum Sammeln.

Kommen Sie, ich zeige Ihnen alles. Vorsicht, der Eingang ist niedrig, aber so ist die Höhle besser gegen wilde Tiere zu verteidigen.

Wir lassen das Feuer im Eingang immer brennen. Ich habe gern ein Feuer bereit um das Essen zu wärmen. Und wenn man noch eine Hand voll Tannennadeln hineinwirft und den Rauch in die Höhle fächelt, reinigt es die Luft und vertreibt Krankheiten.

Hier, nehmen Sie besser eine Lampe. Tiefer in der Höhle wird es ziemlich dunkel. Ich mache die Lampen selbst. Sie sind sehr einfach, nur ein hohler Stein mit brennendem Fett gefüllt und ein Docht aus Moos.

Wie viele Höhlen besteht auch diese aus verschiedenen großen Räumen und Gängen. Sie reicht sehr tief in den Berg hinein und hat mehr Platz, als wir brauchen.

Es gibt einige Gänge, die von diesem Hauptraum aus wieder zu kleineren Räumen führen.

GEMÜTLICHES ZUHAUSE

Hier drüben, wo kein Durchzug ist, habe ich eine Schlafhütte gebaut. Eigentlich ist es nur ein Holzgestell, das ich mit Stroh bedeckt und gegen die Wand gelehnt habe.

Trautes Heim: Höhlen bieten idealen Schutz.

Man kann auch Grassoden oder getrocknetes Moos nehmen, aber Stroh hält die Wärme am besten.
Auf den Boden habe ich dicke Felle gelegt und gut eingefettet, damit die Feuchtigkeit nicht hineinzieht. Die leichteren Felle sind zum Zudecken. Wir Jungen brauchen die Hütten nicht, aber die Alten frieren leichter und lieben die Wärme darin.
Ich habe auch Platz für Vorräte gefunden. Ich benutze alle Nischen für Empfindliches, wie Körbe mit Trockenbeeren und Kräutern.
Ich war diesen Winter so glücklich hier.

Aber jetzt im Frühling werden wir wie immer weiterziehen. Ich werde diese Höhle vermissen. Es ist nicht einfach, eine Höhle in ein Heim zu verwandeln, aber diese hier hat mir die Aufgabe leicht gemacht. Wir kommen ganz sicher im nächsten Winter zurück!«

PERFEKTES DACH

Leider können nur die in Höhlen wohnen, die durch bergiges oder hügeliges Land ziehen. Aber vergessen Sie nicht, dass Zelte ebenso behaglich sein können, besonders, wenn Sie unseren Tipps folgen, wo und wie man sie am besten aufbaut.

- Suchen Sie einen geschützten, trockenen Platz mit einer Wasserquelle in Reichweite.

- Für ein kegelförmiges Zelt stellen Sie Holzstöcke kreisförmig auf und binden Sie oben zusammen. Wenn die Stöcke stabil und richtig festgebunden sind, fällt Ihnen Ihr Zelt auch nicht auf den Kopf.

- Der Wind ist Ihr größter Feind – eine heftige Bö kann Sie obdachlos machen! Stellen Sie Ihre Zelte nebeneinander in einem Halbkreis als Windschutz auf.

- Halten Sie Wind und Regen mit dicken Fellen wie Bisonhäuten ab. Das Gewicht der Häute hält das Zelt auch bei einem Sturm fest.

- Damit die Häute nicht im Wind flattern, beschweren Sie sie mit Steinen.

- Reiben Sie die Häute mit Fett und die Nähte mit Tannenharz ein, damit sie wasserdicht werden.

- Bauen Sie als Zeltersatz einen Wetterschutz: Lehnen Sie mit Häuten bedeckte Stöcke gegen eine Felswand.

GOLDENES ZEIT-

Bilder von SHARIF TARABAY

Alter Meister: Unsere Vorfahren verzierten ihre Höhlenwände mit lebendigen Kunstwerken.

Die Künstler können einfach nicht mehr malen! Das sagt zumindest unsere Kunstredakteurin. Hier vergleicht sie das Talent unserer heutigen Maler mit dem unserer Vorfahren.

Die Künstler im goldenen Zeitalter der Kunst vor 1000 bis 10000 Jahren wussten, wie man gute Bilder malt.

Die riesigen und farbenfrohen Tierbilder dieser Künstler scheinen von den Wänden zu springen. Linien und Farben machen ihr Werk so lebendig, dass man die Tiere fast atmen sieht.

EINE GESCHICHTE IN JEDEM BILD

Die Bilder der Vergangenheit stellen genau dar, was der Künstler zeigen wollte: ein galoppierendes Pferd, einen springenden Hirsch, ein angreifendes Bison.

Aber was machen unsere heutigen Künstler 8000 v. Chr.? Sie wollen alle nur Kiesel und andere kleine Gegenstände mit langweiligen Linien, Schnörkeln, Kreisen, Punkten und Rechtecken verzieren.

Und was bedeuten diese geometrischen Formen und Muster? Wissen Sie, ob ein Schnörkel einen Fluss oder eine Hügelkette darstellen soll?

Wahrscheinlich können weder Sie noch ich es sagen. Tatsächlich weiß

Moderner Unfug: Hat heutige Kunst eine Bedeutung?

ALTER DER KUNST!

niemand außer dem Künstler genau, was ein bestimmtes Bild ausdrückt!

Wir können zwar nicht ganz sicher sein, da sie vor so langer Zeit entstand, aber die Kunst des goldenen Zeitalters hatte eine Bedeutung.

Manche Leute glauben, dass die bemalten Höhlen heilige Orte waren und dass die Künstler von damals mit ihren Werken die Tiere nicht nur einfach abbilden wollten. Man meint, dass sie auch Kontakt mit den Geistern der Tiere aufnehmen wollten, weil sie glaubten, dass ihre Familien dann genug Tiere jagen könnten um satt zu werden.

VERLORENES TALENT

Aber der heutigen Kunst fehlt es nicht nur an geistiger Tiefe. Meiner Meinung nach sind heutige Künstler der Technik unserer Vorfahren nicht mehr ebenbürtig.

Ihre Werkzeuge werden zwar noch fast auf die gleiche Weise gemacht. Moosstückchen und Tierhaare werden zusammengebunden und an einem Stück Holz befestigt. Aber die heutige Art der Farbmischung ist ganz bestimmt nicht mehr so gut wie damals.

Schwarz und Rot sind heute modern, aber wohl nur, weil unsere Künstler nicht mehr wissen, wie sie die anderen Farben herstellen sollen! Wo ist das warme Gelb, das tiefe Rot und das Braun der Höhlenmalerei geblieben?

Unsere Vorfahren wussten, welche Steine man zu Farben zermahlen konnte. Sie veränderten die Menge an Fett und Wasser in einem Farbgemisch und erreichten eine Palette strahlender Farben: je mehr Tierfett, desto glänzender die Farben.

Wenn ich die Kunst von damals mit heute vergleiche, weiß ich genau, was ich lieber an meinen Höhlenwänden hätte. Die großartige Höhlenmalerei des goldenen Zeitalters ist einfach besser!

KUNST ZUM SELBERMACHEN!

Dank unserer Kunstredakteurin können wir Ihnen hier eine Technik der damaligen Künstler zeigen, die Sie an Ihren Höhlenwänden ausprobieren können.

1 Mahlen Sie eine Farberde wie Ocker zu feinem Pulver. Mischen Sie es auf einem Stein mit Tierblut oder Fett um es zu binden. Verdünnen Sie es mit ein wenig Wasser.

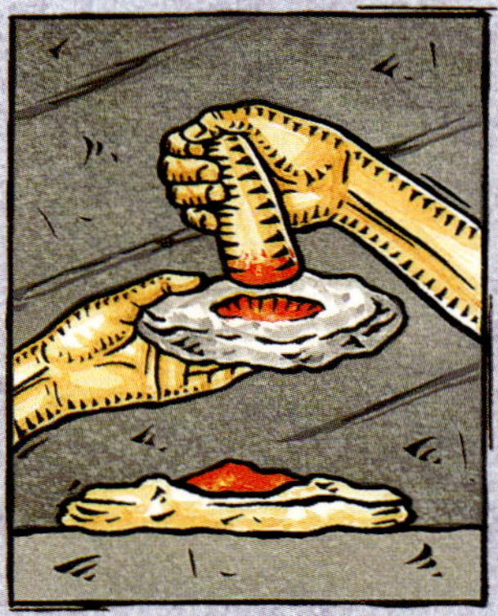

2 Legen Sie Ihre Hand mit gespreizten Fingern als Schablone flach auf die Wand. Bewegen Sie sie nicht mehr.

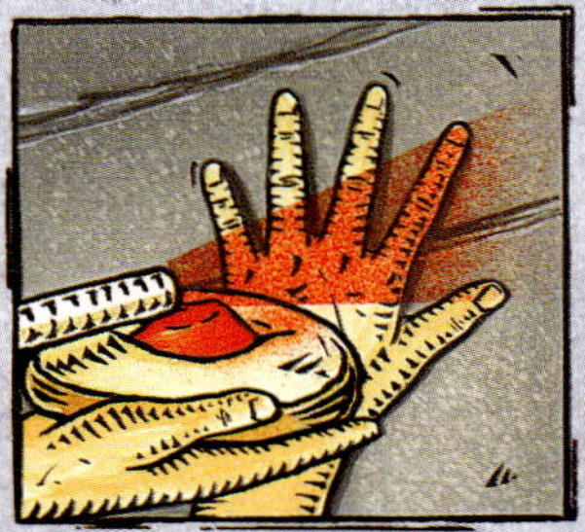

3 Nehmen Sie einen hohlen Knochen als Rohr. Blasen Sie hinein um die Farbe gleichmäßig um die Hand zu verteilen.

4 Nehmen Sie die Hand von der Wand und bewundern Sie Ihr Kunstwerk! Jetzt haben Sie die Grundtechnik gelernt und können andere Formen versuchen.

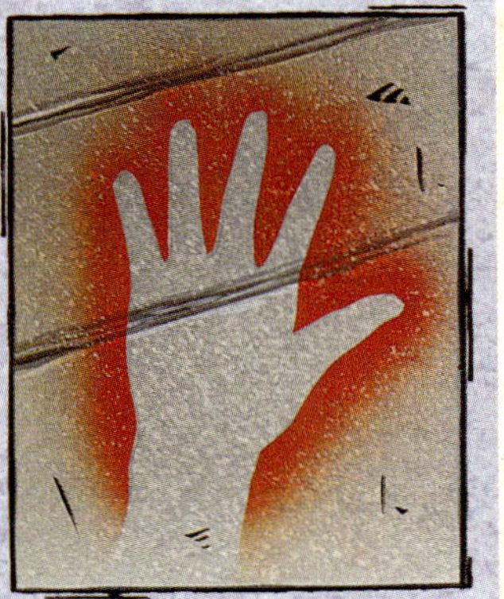

FAMILIENFRAGEN

Bilder von SUE SHIELDS

Es geht uns allen so – entweder hasst man seine Familie oder man liebt sie! Glauben wir den Berichten, die uns seit Jahren erreichen, tut man manchmal beides gleichzeitig! Hier ein paar typische Fragen und Antworten.

F **Wir waren eine ganz normale, glückliche Familie und kamen alle gut miteinander aus. Aber dann kam die neue Frau meines Bruders zu uns. Sie ist so selbstsüchtig! Wenn sie mit Kochen an der Reihe ist, verteilt sie das Essen nicht gerecht. Sie nimmt sich die besten Stücke. Was sollen wir tun?**

A Sie haben ein großes Problem! Teilen können gehört zum Wichtigsten im Zusammenleben einer Familie. Alle müssen zusammenhalten, damit eine Familiengruppe überleben kann.
Finden Sie heraus, warum diese Frau sich so wenig sozial verhält. War irgendjemand unhöflich zu ihr? Isst sie so viel, weil sie sich vor einer neuen Trockenheit oder Kältewelle fürchtet, während der es nicht genug zu essen gibt?
Jeder muss essen, vom stärksten Jäger oder Koch bis zum ältesten Mitglied der Gruppe. Niemand hat das Recht, mehr zu essen als die anderen. Sie sollten herausfinden, warum sie sich so verhält und sie überreden, damit aufzuhören.

Gemeinheit: Schon ein gieriges Familienmitglied ist eines zu viel!

F **Ich sorge mich um meinen heranwachsenden Sohn – er ist so ein Angeber! Er ist ein guter Jäger, aber er erzählt jedem, wie toll er ist. Wir haben es satt. Seine Prahlerei muss einfach aufhören. Was kann ich tun?**

Prahlhans: Lieber die Beute braten, als damit protzen!

A Ihr Sohn hört damit auf, wenn er älter ist. Im Moment versucht er seine Rolle zu finden. Sprechen Sie mit ihm, damit er den anderen nicht lästig wird.
Wir jagen immer in Gruppen und niemals allein, also ist Zusammenarbeit viel wichtiger als die Geschicklichkeit eines Einzelnen. Aber unterdrücken Sie seine Tatkraft nicht, er wird sie noch brauchen können!

F **Seit kurzem schreit meine kleine Tochter sehr viel und sehr laut. Ich befürchte, dass sie auch während unseres Herbstfestes brüllen wird. Wie kann ich sie beruhigen?**

A Nicht aufregen, es gibt eine einfache Lösung. Ihr Baby bekommt Zähne und das tut ihm weh. Sie können den Schmerz lindern, wenn Sie Ihrer Tochter etwas klebrigen Kiefernsaft oder Harz geben. Trocknen Sie ihn etwas und lassen Sie sie dann darauf kauen. Sie wird sich garantiert beruhigen.

Ruhe und Frieden: Niemand mag ein brüllendes Baby.

F Manche in meiner Sippe sind 45 Jahre und älter. Sie hatten wichtige Aufgaben, als sie sehr viel jünger waren. Zwei von ihnen waren zum Beispiel Jagdführer. Sie haben uns versorgt und jetzt ist es unsere Pflicht, sie zu versorgen. Aber sie haben oft Schmerzen und man muss sich viel um sie kümmern. Wie können wir ihnen und damit auch uns das Leben leichter machen?

Alte Menschen: Die Arbeit eines Lebens hinterlässt Spuren.

A Leider bringt das Alter Schmerzen und Steifheit mit sich. Sie können die Schmerzen lindern, indem sie eine Tinktur aus Estragonblättern zubereiten und die schmerzenden Gelenke damit einreiben. Halten Sie die alten Menschen warm und ernähren Sie sie gut und wenn sie zu schwach zum Gehen sind, stützen Sie sie oder tragen Sie sie auf dem Rücken zum nächsten Lager.

Das Zusammenleben mit alten Menschen ist ein Geben und Nehmen. Nach einem Leben voller Erfahrungen sind alte Familienmitglieder oft gute Ratgeber. Interessieren Sie sich für sie und hören Sie auf das, was sie zu sagen haben – Sie können dabei sogar etwas Neues lernen!

ES IST IHR BEGRÄBNIS

Bild von MAXINE HAMIL

Eines Tages muss jeder sterben. Warten Sie also nicht zu lange mit der Planung Ihres Begräbnisses! Wir helfen Ihnen bei der Vorbereitung und stellen Ihnen die neuesten Beerdigungsformen vor.

Als Erstes müssen Sie den Ort bestimmen, an dem Ihr Körper begraben werden soll.

Früher war das Innere einer Höhle der einzig ehrenvolle Ort für ein Begräbnis. Aber seit ungefähr 30 000 Jahren gibt es auch Plätze unter freiem Himmel.

Das ist noch das Einfachste. Jetzt müssen Sie entscheiden, was danach geschehen soll.

Ihr Körper kann in einem mit Leder ausgelegten Grab liegen. Oder Sie können in das Leder gewickelt ins Grab gelegt werden. Und Sie können auf dem Bauch, dem Rücken oder auf der Seite liegen.

Vielleicht möchten Sie auch, dass Ihr Körper mit rotem Ockerpulver bestreut wird.

Zuletzt müssen Sie entscheiden, ob Ihr Eigentum (zum Beispiel Schmuckstücke oder Werkzeuge) mit Ihnen beerdigt werden soll. Wer weiß? Vielleicht können Sie sie in einer anderen Welt brauchen!

DAS LETZTE WORT

Und wer etwas wirklich anderes möchte, der kann eine neue Beerdigungsform aus Australien wählen. Es handelt sich um die Feuerbestattung, bei der der tote Körper verbrannt und die Asche begraben wird.

Sie haben natürlich die Wahl, aber entscheiden Sie sich nicht zu spät!

Letzte Handgriffe: Ein bisschen roter Ocker gibt jedem Begräbnis Stil.

SORGEN SIE VOR!

Früher oder später passiert es – vorwitzige Kleinkinder fallen hin, gierige Jugendliche essen zu viel und wagemutige Jäger haben einen Unfall. Hier sind ein paar Ratschläge zu Heilmitteln und Tipps für einen guten Arzneivorrat. Seien Sie auf das Schlimmste vorbereitet!

- Nichts saugt Blut besser auf als sauberes, trockenes Moos. Halten Sie immer etwas bereit.
- Sie sollten Salz, gemahlenen Ocker und Honig vorrätig haben um damit eine Wunde vor Infektionen zu schützen.

- Tierfett heilt Verbrennungen und Schürfwunden.
- Mischen Sie Tierfett und roten Ocker zu einer Hautcreme. Sie ist gut gegen Fliegen und Stechmücken.
- Beugen Sie Verdauungsstörungen vor. Geben Sie ein wenig zerkleinerten Ingwer ins Essen. Er hilft gegen Magenschmerzen und schmeckt auch lecker.
- Sie werden Kümmel und Koriander nur kennen, wenn Sie in sonnigen Ländern leben, aber dann sollten Sie Samen dieser beiden Pflanzen bei der Hand haben. Wenn die Verdauungsstörung beginnt, lindern Sie die Schmerzen, indem Sie die Samen kauen.
- Reinigen Sie Ihre Zähne. Kauen Sie Kiefernharz um Essensreste aus den Zähnen zu lösen.

- Was ist schlimmer als Kopfschmerzen? Mildern Sie den Schmerz mit einem Sud aus getrockneten Blättern der Gartenraute.
- Für einen weiteren schmerzstillenden Trank kochen Sie kleine Weidenrindenstücke in Wasser und süßen sie mit Honig.
- Getrocknete Blätter der Katzenminze in Wasser gekocht ergeben ein köstliches heißes Getränk und ein Heilmittel gegen Erkältungen.
- Zu einer Erkältung gehören auch Halsschmerzen. Gurgeln Sie deshalb mit einem Sud aus der gekochten inneren Rinde der Pflaumenbäume.
- Getrocknete Kamille in heißem Wasser einweichen, abkühlen lassen und durchsieben. Bei Zahnschmerzen das Zahnfleisch damit einreiben.

- Krankheiten verbreiten sich wie Lauffeuer. Verbrennen Sie getrocknete Salbeiblätter neben Kranken, denn der Rauch verhindert manchmal die Ansteckung.

WARNUNG
Diese Arzneien dürfen *nur* von Erwachsenen zubereitet werden!

Tauschen bis zum Umfallen: Im Handelszentrum können Sie wertvolles Rohmaterial wie Elfenbein und Seemuscheln gegen handgearbeitete Waren eintauschen.

FAIRER HANDEL

Bild von LEE MONTGOMERY

Wir Steinzeitmenschen lieben seltene und exotische Waren, aber woher können wir sie am besten bekommen? 10 500 v. Chr. besuchte unser wandernder Reporter Europas größtes Handelszentrum.

Willkommen an den Ufern des Rheins im Herzen Deutschlands, dem größten Handelszentrum in Europa!

Ich bin von fußmüden Reisenden aus Norden, Süden, Osten und Westen umgeben. Jede Familie hat Rohmaterialien mitgebracht um sie hier gegen hochwertige Handarbeit einzutauschen.

Ich habe zum Beispiel eine Gruppe aus Belgien mit Eisfuchs-Fellen und Feuersteinen in Spitzenqualität getroffen.

Man braucht nicht zu betonen, dass Waren von weit her viel seltener und wertvoller sind. Ich habe Dinge gesehen, die von den Küsten des Atlantiks und des Schwarzen Meeres stammen. Aber die kostbarsten waren einige wunderschöne Seemuscheln von der Mittelmeerküste Frankreichs.

Solche Seltenheiten haben auf dem Weg hierher schon oft durch Tauschhandel den Besitzer gewechselt. Eine Gruppe allein könnte sie gar nicht von so weit mitgebracht haben.

Welche Waren können Sie also hier bekommen und wo werden sie hergestellt? Auf jeder Uferseite finden Sie mehrere Hütten, in denen Handwerker für mehrere Wochen oder sogar Monate leben und arbeiten. Hier finden die ernsthaften Tauschgeschäfte statt.

Seit ich hier bin, habe ich hochwertige Materialien wie robuste Feuersteinwerkzeuge, gute Speerspitzen, schöne Lederschuhe und pelzbesetzte Kleidung gesehen.

Auch der Schmuck ist herrlich. Halsketten und Stirnbänder aus bemalten Seemuscheln und Perlen aus einem kostbaren schwarzen Stein, der Jet heißt.

Ich konnte mich kaum entscheiden, aber dann tauschte ich zwei Rentiergebisse gegen eine Elfenbein-Speerspitze.

JAHRMARKT DES VERGNÜGENS

Aber hier ist noch mehr los. Ich habe ein paar sehr gute Geschichtenerzähler gehört und wunderbar gegessen.

Wenn Sie hier sind, probieren Sie unbedingt eine Delikatesse: Sie werden sprachlos sein, wie hier Pferdezunge zubereitet wird!

MADE IN JAPAN

Bild von CHRISTIAN HOOK

Frisch gebrannt: Diese neuen japanischen Töpfe sind das Beste seit der Erfindung des Steinmessers.

Wir sind stolz darauf, die erste Zeitung mit den großen Reportagen zu sein. Hier drucken wir noch einmal einen unserer besten »Knüller«: 9 000 v. Chr. erschien dieser sensationelle Artikel über eine brillante japanische Erfindung: die Töpferkunst.

Gerade noch halten Sie das Leben für aufregend genug, da wird mit einem bekannten Material etwas Neues gemacht.

Ich spreche über Ton, diese weiche, klebrige Erde, die zwischen Ihren Zehen hängen bleibt, wenn es regnet.

Ton bäckt unter Ihrem Feuer zu einer harten Kruste. Künstler haben bereits Statuen und Perlen daraus geformt, aber bisher hat keiner neue Ideen gehabt.

Bis jetzt! Uns erreichte gerade die Nachricht einer erstaunlichen Erfindung, der Töpferei: der Kunst, Kochgeschirr oder Töpfe aus Ton zu machen.

Die Jômon-Menschen in Japan haben gezeigt, dass man Tonklumpen zu Behältern formen kann, die hitzefest, wasserdicht und haltbar sind!

Diese fantastischen Jômon-

KORBWAREN

Wieder kein Platz für Vorräte? Auf der Suche nach etwas leicht Tragbarem? Nehmen Sie einen unserer herrlichen Körbe aus Weiden- oder Erlenzweigen. Verschiedene Formen vorrätig.

◇ Die Korbflechter, Schwarzwald, Nordeuropa ◇

Wenn alle Stricke reißen

Ob Pflanzenfasern von Hanf oder Flachs oder Bast, wir haben alles zum Flechten oder Drehen eines perfekten Seils.

SIE FINDEN UNS AM TOTEN MEER, NAHER OSTEN

Töpfe sind zapfenförmig und von rot-brauner Farbe. Oft sind sie mit eingekratzten Mustern verziert. Zum Kochen einfach mit Wasser und Nahrungsmitteln füllen und ins Feuer stellen.

Diese Jômon-Spezialität soll köstlich sein: Fisch mit Kräutern und einem Gemüse, das Bambussprossen heißt.

Tadelloser Topf:
Schön und praktisch!

GESCHÄFTSGEHEIMNISSE

Aber ich will nicht nur diese neue Erfindung beschreiben, sondern auch ihre Herstellung.

Jômon-Töpfer kneten zuerst einen Klumpen Ton, bis er weich ist. Dann formen sie mit den Handflächen kleine Kugeln aus dem Ton.

Einige Kugeln werden wie eine Schale geformt. Andere werden zwischen den Händen zu einer langen Wurstform gedreht und um die Schale gewunden – so entstehen die Topfseiten. Dann werden die Topfseiten mit den Fingern glatt gestrichen. Mit einem Stock oder auch mit den Fingern ritzen die Töpfer dann noch ein Muster hinein.

Wenn die Töpfe nach einigen Tagen völlig getrocknet sind, kommt der aufregendste Schritt: Sie werden in einem sehr heißen Feuer gebacken, bis sie steinhart sind. Die Töpfe werden sorgsam in heiße Asche gestellt, mit Holz bedeckt, das dann angezündet wird.

Das Feuer muss gleichmäßig heiß bleiben, denn durch jede plötzliche Temperaturveränderung springen die Töpfe.

Nach fünf Stunden werden die glühend heißen Töpfe mit einem langen Stock aus der Asche geholt und zum Abkühlen in Reihen aufgestellt.

Es gibt jetzt nur noch eine unbeantwortete Frage: Wird diese aufregende japanische Erfindung die Welt erobern? Wer weiß, die Zeit wird es zeigen!

IHRE GEWINNCHANCE!

GEWINNEN SIE IN UNSEREM WETTBEWERB:

WAS IST BESSER ALS EIN JÔMON-TOPF? WIR FORDERN ANGEHENDE DESIGNER AUF, NEUE TOPFFORMEN ZU ERFINDEN. GROSSE ODER KLEINE, FÜR FLÜSSIGES ODER FESTES UND AUS EINEM SELBST GEWÄHLTEN MATERIAL, ABER NÜTZLICH MÜSSEN SIE SEIN!

ERSTER PREIS:

EIN ECHTER JÔMON-TOPF. UNSER GLÜCKLICHER GEWINNER GEHÖRT ZU DEN ERSTEN BESITZERN DES NEUEN DESIGNS AUSSERHALB JAPANS!

FÜR DIE ANDEREN:

VIELE ANDERE PREISE – WAFFEN, SCHMUCK UND NAHRUNGSMITTEL.

PREISRICHTER BESUCHEN SIE AB DEM MITSOMMERTAG, 8 000 V. CHR.

IHRE GEWINNCHANCE!

AN ALLE LEDERARBEITER

UNSERE GROSSE RENTIERJAGD IST VORBEI. JETZT SUCHEN WIR GESCHICKTE HELFER, DIE HÄUTE SCHABEN, TROCKNEN UND FÄRBEN. BEZAHLUNG IN LEDERHÄUTEN.

CHIFFRE 8347

SCHNITZ-EXPERTEN BIETEN IHRE DIENSTE AN

Wir verzieren Ihre Werkzeuge und Waffen. Unsere fein gearbeiteten Schnitzereien in Rentierknochen und Geweihen sind unübertroffen. Unsere Spezialität: Jagdszenen.

SIE FINDEN UNS IN DER DORDOGNE, SÜDFRANKREICH.

DIE BESONDERE ANZEIGE

WOLLEN SIE SINGEN UND TANZEN?

Jedes Fest braucht Musik! Wählen Sie aus unserem riesigen Angebot an Instrumenten.
FLÖTEN: aus Vogel-, Rentier- oder Bärenknochen mit einem großen Tonumfang.
TROMMELN: aus Mammut-Schulterblättern, sorgen für lauten und stampfenden Rhythmus.
RASSELN: Mehr Stimmung mit unseren getrockneten Flaschenkürbissen voller Samenkerne. Bemalt oder naturbelassen vorrätig.
Treffen Sie bei jeder Gelegenheit den richtigen Ton mit unseren leicht zu spielenden Instrumenten. Sie sind die besten!

Kontakt: Melodie & Musik, Grand Canyon, Nordamerika

HEBEN SIE SICH VON DER MENGE AB

Wenn Sie auf ein Fest gehen wollen, brauchen Sie für Gesicht und Körper unsere besten braunen und gelben Ockerfarben, strahlend und festlich. Machen Sie sich schön!

Glanz & Pracht, Schwarzwald, Europa

HOLZ-WIRBEL!

MACHEN SIE MIT EINEM UNSERER INSTRUMENTE AUF IHR FEST AUFMERKSAM. WIRBELN SIE EINE HOLZSCHEIBE AN EINER KORDEL ÜBER IHREM KOPF – DER LAUTE SUMMTON WIRD IHRE GÄSTE IN EKSTASE VERSETZEN!

DAS SCHWIRRHOLZ, GREAT DIVIDING RANGE, AUSTRALIEN

ERLEUCHTUNG!

FÜR EIN STRAHLENDES FEST: STEINLAMPEN IN ALLEN GRÖSSEN UND TIERFETT ALS BRENNMATERIAL VORRÄTIG. TESTEN SIE AUCH UNSERE PECHFACKELN.

LICHT IM DUNKELN, SCHWARZES MEER, ASIEN

Geschichten erzählen!

Reisender Geschichtenerzähler trägt bei jedem Fest vor. Ich kann über außergewöhnliche Jagdereignisse und aufregende Reiseabenteuer berichten und Geschichten für religiöse Zeremonien vorbereiten.

SIE FINDEN MICH IN DER GROSSEN SANDWÜSTE, AUSTRALIEN

KLEINANZEIGEN

Gehen Sie auf die Pirsch!

Mit unseren Umhängen aus Hirschfell pirschen Sie sich näher an das Wild heran, als Sie sich erträumt haben.

Haut & Haar,
Land der Mitternachtssonne,
Nordeuropa

WARNUNG!

AN ALLE LESER, DIE ZUR WESTKÜSTE NORDAMERIKAS REISEN

Vorsicht in diesem Gebiet vor großen Gruben mit flüssigem Teer, der bei Hitze sehr klebrig wird. Versuchen Sie niemals und unter keinen Umständen im Teer gefangene Tiere zu retten, denn dann stecken Sie selbst fest.

ALLE AN BORD!

UNSERE BOOTE SIND DIE BESTEN! STARKE KANUS, AUS EINEM EINZIGEN AUSGEHÖHLTEN BAUMSTAMM FÜR KÜSTENREISEN ODER FLÖSSE AUS ANEINANDER GEBUNDENEN STÄMMEN FÜR DIE REISE AUF DEM FLUSS.

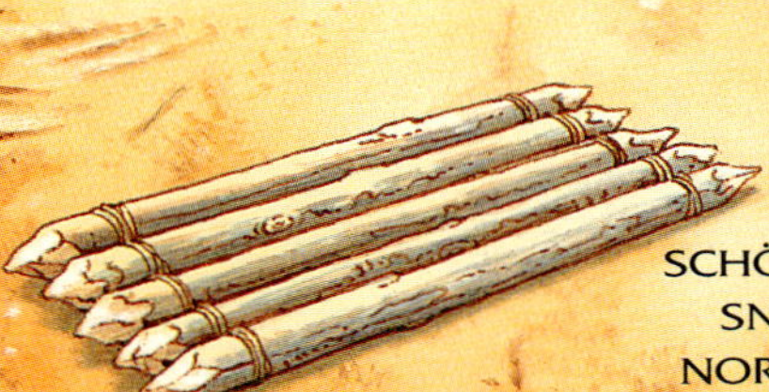

DAS SCHÖNE SCHIFF,
SNAKE RIVER,
NORDAMERIKA

ab 200 000 v. Chr.
Jetzt-Menschen *(Homo sapiens sapiens)* tauchen in Afrika auf.

um 125 000 v. Chr.
Jetzt-Menschen beginnen aus Afrika in den Nahen Osten zu gehen.

um 50 000 v. Chr.
Jetzt-Menschen wandern von Asien nach Australien.

um 40 000 v. Chr.
Jetzt-Menschen erreichen zum ersten Mal Europa.

31 000 – 9 000 v. Chr.
In Europa schaffen Künstler farbenfrohe Höhlenmalereien und Bildwerke. Die besten dieser Werke entstehen ab 18 000 v. Chr.

um 28 000 v. Chr.
Die letzten Neandertaler *(Homo neanderthalensis)* sterben vermutlich in Europa aus.

um 23 000 v. Chr.
Die frühesten Tonfiguren werden in Mitteleuropa hergestellt.

um 16 000 v. Chr.
Letzte große Eiszeit, auch Würm-Eiszeit genannt, auf dem Höhepunkt. Eine Zeit großer Kälte, in der sich riesige Eisplatten langsam vom Nord- und Südpol aus verbreiten und das Leben der Menschen und Tiere erschweren.

um 13 000 v. Chr.
Jetzt-Menschen gehen von Sibirien nach Alaska über eine neu entstandene Landbrücke, die Beringia heißt.

um 11 000 v. Chr.
Jetzt-Menschen nun über ganz Nord- und Südamerika verbreitet.

um 10 500 v. Chr.
Jäger in Europa zähmen Wolfswelpen. Wilde Wölfe werden zu Haushunden.

10 000 – 8 000 v. Chr.
Große Tiere sterben überall aus: das nordamerikanische Kamel, das europäische Mammut und das australische Riesenkänguru.

um 9 000 v. Chr.
Die japanischen Jômon-Menschen erfinden die perfekte Herstellungsmethode für Töpferwaren. Sie haben diese Technik mehr als tausend Jahre lang entwickelt.

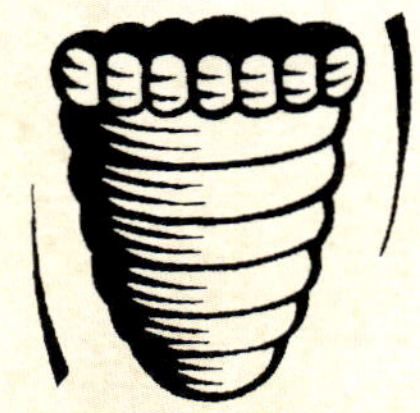

8 800 – 8 200 v. Chr.
Ernste Auswirkungen auf das Erdklima durch Jüngere Eiszeit. Trockenzeiten im Nahen Osten zwingen die Menschen, bei Wasserstellen wie Flüssen zu bleiben, statt umherzuziehen.

um 8 400 v. Chr.
Beginn des Ackerbaus im Nahen Osten: Menschen jäten Felder, pflanzen Roggen, Weizen und Gerste und sammeln die Körner. Während der nächsten tausend Jahre verbreitet sich der Ackerbau, Menschen siedeln sich in Dörfern an und bestellen Felder. Die meisten geben das umherziehende Jagen und Sammeln vollständig auf.

ZU DEN ORTSNAMEN

Wir wissen nicht, welche Namen die Steinzeitmenschen den Ländern gaben, in denen sie lebten. Die Ortsnamen in diesem Buch wie Naher Osten oder Nordamerika sind unsere heutigen.

INDEX

Fiona Macdonald
Die Steinzeit-Nachrichten
Unabhängige Zeitung für die Vorgeschichte der Menschheit

Aus dem Englischen von Christa Holtei

Text © 1998 by Fiona Macdonald
(Titel der englischen Originalausgabe: The Stone Age News)

Illustrationen © 1998 by Walker Books Ltd.

First published by Walker Books Ltd., London

© 2000 Text, Illustrationen und Ausstattung der deutschen Ausgabe by Kinderbuchverlag KBV Luzern (Sauerländer AG), Aarau

Beratung: Alison Roberts, Ashmolean Museum Oxford

Bildnachweis:
Soweit nicht anders angegeben, stammen die Illustrationen von: Maxine Hamil (13 o. r., 13 Mi. r., 15 o. l., 16 u. l., 30 o.), Emily Hare (19 u. r.), Louise Jackson (15 Mi. l., 29 Mi.), Michaela Stewart (15 u. l., 19 u. r., 28 u. r., 30 u. Mi., 30 o. l.), Ian Thompson (26 u. l.), Mike White (13 u. r., 28 u. l., 30 u. l.)

Schmuckleisten und kleine Bilder:
Maxine Hamil (1, 4-5 u., 6 l., 7 u. r., 18-19 u., 21 r.), Emily Hare (26 o.), Michaela Stewart (21 r., 29 r.), Ian Thompson (22 l., 23 r., 23 u., 28-29 Mi.), Peter Visscher (5 r., 6 r.), Mike White (5 o., 22, 29 o.), Bee Willey (8 u.)
Danksagung: Artist Partners, Illustration Ltd, Temple Rogers

Satz: Steffen Hahn GmbH
Printed in Hongkong

ISBN: 3-276-00203-5
Bestellnummer: 19 00203

Die Deutsche Bibliothek – CIP-Einheitsaufnahme
Die Steinzeit-Nachrichten: unabhängige Zeitung für die Vorgeschichte der Menschheit / Fiona Macdonald. Aus dem Engl. von Christa Holtei. – Aarau : Kinderbuchverl. Luzern, 2000
Einheitssacht.: The Stone Age news <dt.>
ISBN 3-276-00203-5

VERGANGENHEIT ENTDECKEN

Menschen, die versuchen, den Rätseln der Vergangenheit auf die Spur zu kommen, heißen Archäologen. Ein Teil ihres Berufs ist es, in Höhlen und anderen Orten nach Dingen zu graben, die Menschen vor langer Zeit benutzt haben.

Archäologen haben zum Beispiel Skelette von Steinzeitmenschen entdeckt, Tierknochen von ihren Mahlzeiten, Werkzeuge und Waffen, die sie gemacht haben, Schmuck, den sie getragen haben, und sogar ihre wundervollen Höhlenmalereien.

Jedes Jahr tragen Archäologen mehr Informationen zusammen. Mit jeder neuen Entdeckung finden sie ein weiteres Mosaiksteinchen für das Bild, das wir von der Steinzeit haben.

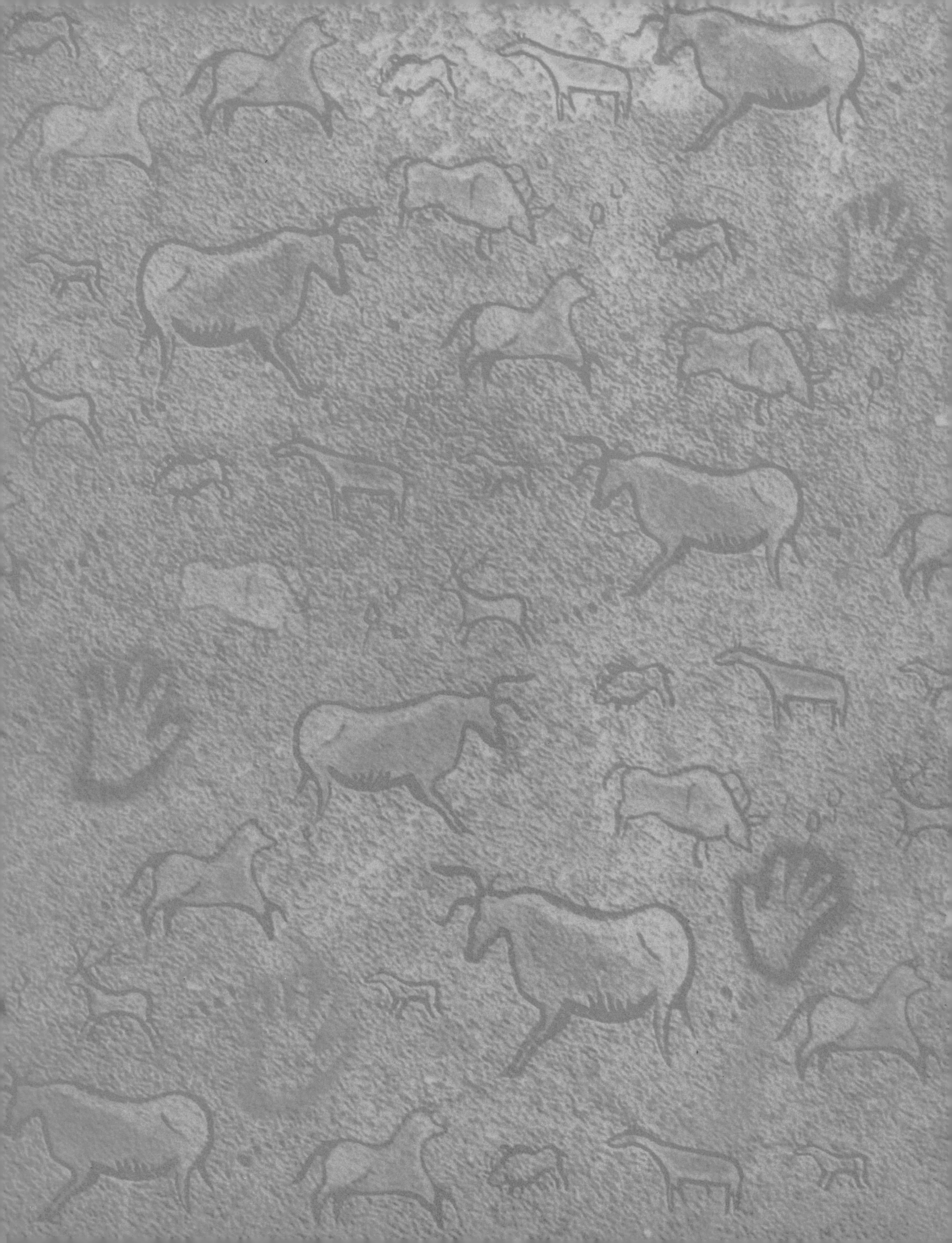